AF347477

EDICT DV ROY

PORTANT CREATION

des Offices de Commissaires Receueurs
hereditaires des Deniers des Saisies Reelles ; ascauoir deux , où il y a Parlement,
& d'vn en chacune Ville & Iustice Royale de ce Royaume.

Verifié au Parlement de Bourdeaux le
Octobre 1628.

Auec les Arrests de ladite Cour , sur la Verification dudit Edict.

A PARIS

Par ANTOINE ESTIENE , P. METTAYER
& C. PREVOST, Imprimeurs
ordinaires du Roy.

M. DC. XXIX.

Auec Priuilege de sa Majesté.

LOVIS par la grace de
Dieu Roy de France & de
Nauarre, A tous presens &
à venir, Salut. Encores que
nos predecesseurs Roys ayent
apporté tout le soin qui leur a esté pos-
sible, pour donner reglement aux saisies,
& establissemens de Commissaires, qui se
font sur les domaines de nos subiets, fruicts
d'iceux & autres immeubles : Neantmoins
l'experience fait voir, qu'il s'y commet infinis abus dont nous receuons iournellement
des plaintes ; & de ce que nos Huissiers &
Sergents estants chargez d'vn establissement, vont par les Paroisses, s'addressans
au plus aisez qui sont proches des choses
saisies & feignans les vouloir establir Commissaires, exigent d'eux grandes sommes
de deniers pour les exempter, & vont ez Assemblées des foires & marchez, où vsãts de
semblables menaces tant enuers les Mar-
chands qu'autres personnes qu'ils y rencon-
trent, font pareilles exactions, establissant
ausdites saisies ceux qui ne leur veulent rien
dõner, bien qu'ils soient la plufpart éloignez
de beaucoup des heritages & choses saisies,

A ij

ou qu'ils soient incapables de gerer & nego-
tier telles cõmissions, ne sçachãts la pluspart
lire ny écrire : y establissant aussi souuent des
pauures Laboureurs, Artisans, Vignerons,
& autres persõnes miserables, chargés d'en-
fans & d'affaires, qui sont contraints aban-
donner leurs arts, mestiers & exercices, pour
vaquer ausdites cõmissions, cõsommant la
meilleure partie de leurs aages, & employ-
ant toute leurs facultez & moyés à l'admini-
stratiõ de telles charges, en procedures, procez & voyages qu'il leur conuient faire; estãs
le plus souuent tirés en proces en nos Cours
de Parlement & autres Iurisdictions, éloi-
gnés de cent lieuës de la demeure du lieu de
leur establissement : Autres qui sont gens de
néãt, consomment les fruicts & reuenus des
choses saisies, s'absentent & emportent les
deniers des fermes : D'ailleurs, quelques saisissans font establir leurs seruiteurs & autres
personnes à leurs deuotions, auec lesquels
colludans ils font adiuger à vil prix les biens
saisis & baux iudiciaires, iouyssans par ce
moyen des biens de leurs debiteurs, sous
noms interposez de tels Commissaires. Arri-
ue aussi souuent que les priuilegiez exempts
de commissions, sont establis par haine que
leur portera quelque Huissier ou Sergent, &

pour en auoir defcharge conuient faire plufieurs procez, qui tournent non feulement à
la diminution du prix de la chofe, fans que le
faifi foit acquitté vers fes creanciers : mais
auffi auec grande vexation fur nos fubiets,
par les defpenfes defdits voyages que lefdits
Commiffaires font fur les lieux faifis, & és
lieux de nos Iufticiers, pour proceder aux
baux à fermes ; & par autres frais qui retar-
dēt d'autāt le moyen aufdits creāciers d'eftre
payez : cōme auffi lefdits Sergēts & Huiffiers
s'entendent auec lefdits debiteurs, defquels
ils exigent grandes fommes de deniers, pour
à leur gré eftablir telles perfonnes que bon
leur femblera, pour par ce moyen difpofer à
leur volōté des chofes faifies, le tout au pre -
iudice des debiteurs & creanciers : lefquels
par ce moyen tirent peu de profit des baux ;
le prix defquels le plus fouuent ne fuffit pour
payer les frais d'iceux. D'ailleurs, il y a des
creanciers qui colludans auec quelques vns
de leurs debiteurs, bien que payez, font con-
tinuer les faifies qui font fur leurs biés, y font
eftablir Commiffaires à leur deuotion, fous
le nom defquels ils iouyffent, & fruftrent par
ce moyen leurs creanciers : Dauantage il fe
trouue que par la puiffance, menace, force,
violence, & voyes de faict, les faifis, & autres

A iij

par eux, intimident, & ordinairement exce-
dent les Commiſſaires qui ſont eſtablis; leſquels ſont côtraints de quitter & abandon-
ner les choſes ſaiſies, au grand preiudice des
ſaiſiſſans & autres creanciers. Et de plus, ſe
remarque iournellemét des retardemens &
non valeurs és recoltes des deniers de nos
Tailles & autres ſubſides, à cauſe deſdits
eſtabliſſeméts de Commiſſaires, qui côtraí-
gnent beaucoup de nos ſubiets de s'abſenter
& ſe retirer dans les Villes pour euiter telles
commiſſions : Autres qui ſont ruinez à la
pourſuitte d'icelles; & autres infinis monopoles & abus qui ſe commettent à la foule &
oppreſſion de tous nos ſubiets ; ce qui pro-
uient de ce qu'en telles charges ne ſont eſtablis des perſonnes d'experiéce & preud'ho-
mie, gens de bien, reſſeans, bien caution-
nez & certifiez ſoluables, & qui ayent fait
ſermét à Iuſtice: dont les plaintes publiques
nous ayans eſté faictes és derniers Eſtats ge-
neraux tenus en noſtre bonne ville de Paris
par les deputez des Prouinces de noſtre
Royaume, qui nous ont ſupplié d'y appor-
ter le remede conuenable:

A quoy voulans pouruoir & faire ceſſer à
l'aduenir leſdits abus, monopoles & oppreſ-
ſions, & en deſcharger nos ſubiets, attendât

que Dieu nous face la grace de leur faire sé-
tir plus abondamment les effects de noſtre
bonne volonté; Apres auoir mis cét affaire
en deliberation en noſtre Conſeil, où eſtoiét
aucūs Princes de noſtre ſang & autres Princes & Officiers de la Couronne, Seigneurs,
& pluſieurs notables perſōnages; De l'aduis
d'iceluy & de noſtre propre mouuemēt, certaine ſcience , pleine puiſſance & authorité
Royale , Auons par ceſtuy noſtre preſent
Edict perpetuel & irreuocable, creé, erigé &
eſtably, creōs, erigeons & eſtabliſſons en tiltre d'office formé en chacune ville & lieux
eſquels il y a iuſtice Royale de ceſtuy noſtre
Royaume & terres de noſtre obeiſſance; l'e-
ſtat & office de Commiſſaire Receueur des
deniers des Saiſies Reelles des terres & Seigneuries, Chaſteaux, Maiſons, fruicts pen-
dās par les racines, rentes foncieres ou con-
ſtituées, droicts d'vſufruicts, doüaires, penſions, rentes ou autres choſes immobiliaires
ſujettes d'eſtre ſaiſies, pour quelque cauſe
que ce ſoit, en vertu d'Arreſts, Sentences,
Iugemens, Mandemens, Prouiſions, Contracts, Obligations , & tous autres actes authentiques & commiſſions de Iuſtice, ſoit de
nos Cours Souueraines, Iuges ordinaires, &
tous autres nos Iuges & Officiers quelcon.

ques. N'entédons neantmoins que les saisies
mobiliaires , & les deniers saisis entre les
mains des particuliers, soiét sujets au present
establissement . A sçauoir deux en chacune
de nos bonnes villes , esquelles il y a Parlement, l'vn pour seruir audit Parlement, Re-
questes du Palais , & Iustices qui sont dans
l'enclos dudit Palais, seulemét, & l'autre aux
Presidiaux & autres Iustices qui sont dãs lesdites villes ; & semblablemét en chacune de
nos Iustices où il y a Siege Presidial, Baillia-
ge, Seneschauffée, Preuosté, Vicóté, Vigue-
ries & autres Sieges Royaux ; en telle sorte
neantmoins qu'il n'y en aye qu'vn és Villes
esquelles il n'y a Parlement. Et à ce que nosdits subiets puissent plus facilemét auoir ad-
dresse certaine , pour le recouurement des
sommes qui leur serõt adiugées par Iustice,
& que lesdites charges ne chágent si souuent
de personnes & familles , Nous voulons &
entendons que lesdits Offices de Commissaires, Receueurs des deniers desdites Saisies
reelles , soient & demeurent hereditaires,
pour en iouyr par les pourueus , eux , leurs
hoirs, successeurs & ayás cause hereditaire-
ment & perpetuellement : & lesquels nous
voulõs estre exépts de toutes tutelles & curatelles & autres charges personnelles, atté-
du

du la continuelle assiduité à laquelle ils sont
obligez.

Lesquels Commissaires Receueurs auront
l'entiere administration de tous les biens saisis par authorité de Iustice , & seront tenus
faire residence actuelle en la ville & lieux de
leur establissemét; y auront vn Bureau pour
receuoir & enregistrer par eux ou leurs Cõmis les exploicts des saisies reelles qui seront
faictes par nos Huissiers ou Sergens: par lesquels exploicts enjoignons tres-expressemét
à nos Huissiers ou Sergés de declarer les domiciles des Saisis & saisissans: Et où le domicile du Saisi ne seroit en la ville ou bourg de
la demeure dudit Cõmissaire Receueur, &
ne pourroit à ceste occasion estre declaré,
l'Huissier ou Sergét sera tenu de designer &
élire vn domicile certain au lieu de la demeure dudit Commissaire Receueur , pour
ledit saisi & le saisissant: Et en faisant signifier
laditte saisie à la personne du saisi ou en son
domicile actuel ou éleu, sera tenu de l'inter-
peller, que dãs certain temps, selon la distance des lieux, il ait à élire domicile dans la ville de sa demeure, pour ce qui cõcerne le faict
de laditte Commission seulement; & à faute
de ce faire, qu'il sera procedé par defaut au
bail iudiciaire des choses saisies sur les signifi-

cations qui ſerõt faictes au domicile éleu par
ledit Huiſſier ou Sergent; qui vaudrõt comme ſi faictes eſtoient à la perſonne du ſaiſi.

Pourra neãtmoins ledit ſaiſi faire ſignifier
au Cõmiſſaire Receueur, autre domicile
dans le lieu de la demeure d'iceluy Commiſſaire Receueur, & non ailleurs, par acte vala-
ble, & qui ſera enregiſtré au regiſtre dudit
Cõmiſſaire Receueur, par le Sergẽt, qui ſera
telle ſignification au pied de l'enregiſtremẽt
de la ſaiſie: du iour duquel enregiſtremẽt leſdits Commiſſaires Receueurs ſeront tenus
faire les ſignifications requiſes au domicile
qui leur aura eſté declaré par ledit ſaiſi.

Defendons tres-expreſſement à tous nos
Officiers, Huiſſiers & Sergẽs, de Commettre, à l'aduenir, ny eſtablir autres Cõmiſſaires à toutes ſaiſies qui ſerõt faittes pour quelque cauſe & occaſian que ce ſoit, que noſdits Commiſſaires Receueurs, chacun en
leur reſſort & eſtenduë; à peine de ſuſpen-
ſion de leurs Offices, & de tous deſpens
dommages & intereſts; fors & excepté aux
ſaiſies qui ſeront faites pour Cenſiues &
droicts Seigneuriaux, de l'authorité des Seigneurs cenſiez au deſſous de cent liures, ſi
ce n'eſt du conſentement deſdits Seigneurs.

Seront auſſi tenus leſdits Huiſſiers & Ser-

gens de declarer par leurs exploicts les Pa-
roiſſes des choſes ſaiſies, ou à tout le moins
celle en laquelle ſera ſitué le Chaſteau ou
principale maiſon Seigneuriale en ce qui eſt
des choſes Nobles, & les tenans & aboutiſ-
ſans des choſes en roture, ſuiuât nos Ordonnances, Et pour les rentes foncieres ou con-
ſtituées, ſaiſies, declarerõt la nature deſdites
rentes & le fonds & les perſónes ſur leſquelles elles ſont payables ou exigibles, autremét
leſdits exploicts ſeront & demeureront nuls.

Et pource que l'vne des principales plaintes à Nous faictes, eſt, que bien ſouuent noſdits Huiſſiers ou Sergens ſont pratiquez &
ſollicitez d'oſter ou changer de leurs procez
verbaux & exploicts de ſaiſies, des choſes
par eux ſaiſies, & les antidater, dont ſe for-
ment infinis procez & inſcriptions de faux:
Pour à quoy remedier à la perte deſdits
procez verbaux & exploicts de ſaiſies;

Enioignons à nos Huiſſiers & Sergens, ſur
les peines que deſſus, de mettre és mains de
nos Commiſſaires Receueurs, leurs procez
verbaux & exploicts de ſaiſies reelles, bien &
liſiblement eſcrits, ſignez d'eux & de leurs
records, & ce dans trois iours au plus tard
apres icelles faictes ; pour eſtre par noſdits
Commiſſaires Receueurs, enregiſtrez ſelon

l'ordre qu'ils leur feront apportez, pour y auoir recours par ceux qui y auront interest, si befoin eft.

Pour cét effect auront lefdits Commiffaires Receueurs vn regiftre dans lequel ils feront tenus enregiftrer tous lefdits procez verbaux & exploicts de faifies, & y inferer le iour qu'ils les auront receus, auec le nom & demeure des Sergens qui les auront faicts, pour euiter multiplicité de faifies, & les fauffetez & fraudes qui s'y pourroient commettre par antidate: & ferốt tenus de faire figner fur leurs regiftres ceux à qui lefdits procez verbaux & exploicts feront rendus par nofdits Commiffaires Receueurs ; aufquels auons permis de deliurer actes, coppies & extraicts defdites faifies & arrefts, fignez & certifiez d'eux à ceux qui les en requerront; Lefquels nous voulons eftre de pareille force & vertu que s'ils eftoient deliurez par lefdits Huiffiers & Sergens; & feront les feuillets defdits regiftres nombrez & paraphez par les Iuges des lieux ou noftre Procureur, pour plus grande affeurance.

Et à ce que les diligếces que nofdits Commiffaires Receueurs auront faites pour proceder au bail à ferme, foient recogneuës, féront tenus de faire appeller le pluftoft qu'ils pourront, fuiuant nos Ordonnances & les Couftumes des lieux, & ce pardeuers les Iuges du reffort de leur eftabliffement, & non ailleurs, les faifis & faififfans, à leurs domiciles cy deffus declarez, tãt pour voir proceder aux baux à ferme des chofes faifies, & y faire trouuer encherifleur, fi bon leur femble, que pour debatre l'infoluabilité des cautions & certificateurs. Et feront les Adiudicataires, cautions & certificateurs, tenus élire domicile en la ville ou demeure de l'eftabliffement dudit Commiffaire Receueur, pour y eftre faicts tous exploicts requis & neceffaires pour l'execution de ladite adiudication, lefquels vaudront comme fi faits eftoient à leurs perfonnes & domiciles, à la defcharge dudit Commiffaire Receueur.

Ne feront pour l'execution de ladite adiudication tenus lefdits Commiffaires fi bon ne leur femble, fe charger des fruicts pendans par les racines, s'il n'y a vn mois entier d'interualle auant la maturité d'iceux, felon la condition & difpofition naturelle des lieux & climats, afin qu'ils ayent le temps requis pour faire les proclamations & procedures de la vente defdits fruicts, felon la couftume & vfance des lieux; fauf audit faififfant, en cas que lefdits Commiffai-

res Receueurs ne demeurent chargez desdits fruicts ; à se pouruoir pour la conserua-
tiõ de ses droicts , ainsi qu'il verra bon estre.
La vente desquels fruicts pendans par les
racines, lesdits Commissaires pourront faire
faire par deuers les Iuges des lieux , par leurs
Commis ou autres personnes ayans pouuoir
d'eux , desquels ils demeureront responsables ciuilement, pour euiter aux grands frais
qu'il y conuiendroit faire, si elle se faisoit ailleurs , sans qu'ils puissent demander plus
grands droicts , que si ladite vente auoit esté
faicte pardeuant le Iuge de la demeure dudit Commissaire Receueur.

Pourront lesdits Commissaires Receueurs
commettre telles personnes que bon leur
semblera, suffisans & capables, reuocables à
leur volonté , pour vacquer à l'exercice de
leurs charges, tant és lieux de leur establissement, qu'autres endroits de leur ressort,
soit à cause de la distance des lieux , ou pour
l'impossibilité d'estre presens en diuers endroits en mesme temps : desquels Commis
ou Procureurs lesdits Commissaires Receueurs demeureront aussi responsables ciuilement.

Ne pourront les baux à ferme estre faicts
pour moins de temps que trois ans , si tant

la saisie dure, pour euiter aux grãds frais qui
suiuent le trop frequent renouuellement
des baux, sinon pour l'année encommencée.

Et si l'adiudication du Bail iudiciaire est
differée pour quelques oppositiõs formees à
la saisie & establissemẽt de Commissaire, ou
autres empeschemés, nosdits Commissaires
Receueurs en demeurerõt dés lors deschar-
gez, ensemble des fruicts des choses saisies,
iusques à ce que le saisissant qui sera sommé
à personne ou domicile, ayt fait leuer lesdits
empeschemens, & que ledit Cõmissaire soit
en possession actuelle: Et auquel Cõmissaire
il sera neantmoins tenu payer les frais,
salaires & vacations raisonnables, selon la
taxe qui en sera faitte par nosdits Iuges.

Et daurant que nos subiects cy deuant
commis & establys par nosdits Huissiers ou
Sergés aux saisies reelles faictes auant cestuy
nostre presét Edict; au lieu de iouyr du bene-
fice d'iceluy, en demeureroient priuez, & se-
roient tousiours chargez & trauaillez desdites Cõmissions, s'il n'y estoit par nous pour-
ueu; Novs vovlons que du iour de la
publication des presentes faicte aux sieges
Royaux où ressortissent les choses saisies,
toutes les Commissions cessent d'estre pour-
suiuies par ceux qui auront esté establis: Aus-

quels nous enioignons, dans vn mois apres la
publicatiõ qui sera faicte des presétes, de faire enregistrer par ledit Commissaire Receueur de nouueau estably, les exploicts de saisies reelles, d'establissemét de Commissaires,
élection de domicile, & de remettre entre
les mains les originaux ou copies deuëment
collationnées, de tous les exploicts de saisies
reelles & procez verbaux de leur establissemét, baux à ferme, & autres pieces & procedures concernantes leursdites commissions,
& ce chacũ es Iustices & Ressorts esquels ils
seront establis, & dont dependront les
choses saisies; ou entre les mains de ceux qui
seront par nous commis à la fõction desdites
charges; en attendant qu'il y ait des Officiers
receus & establis en icelles: lesquelles copies
leur vaudront comme originaux. pour s'en
seruir par nosdits Cõmissaires, pour la con-
tinuation desdites Commissions; ausquelles
nous les auõs subrogez & subrogeõs par ces
presétes: Ensemble pour receuoir lesdits deniers saisis qui ne serõt tournez au profit des
saisissans, & seront demeurez entre les mains
desdits anciens Commissaires, & dont ils se
trouueront redeuables par le compte qu'ils
seront tenus rendre ausdits nouueaux Commissaires Receueurs, les saisiz & saisissãs ap-
pellez

pellez au domicile éleu , & sans que pour
iceux lesdits nouueaux Commissaires puissent pretendre aucun droict de recepte ; &
en cas de refus, les defaillans, ledit temps passé, y seront contraints par toutes voyes deuës
& raisonnables , mesmes par corps ; nonobstant oppositions & appellatiõs quelconques
& sans preiudice d'icelles. Et afin que lesdits
anciens Commissaires demeurent valable-
ment déchargez desdites saisies pour le passé,
& que le saisi recognoisse ce qui est deu des
deniers de ladite Commission, pour tourner
en son acquit & décharge, & que ledit Commissaire nouueau puisse auec plusde cognois-
sance faire la fonction de sa charge, les Greffiers , &Clercs de Greffes& autres, seront tenus cõmuniquer ausdits Cõmissaires Receueurs, leurs regiftres & encheres, pour prendre extraict des saisies reelles & baux à ferme
qui se trouueront , sans que pour ce leur soit
payé aucun droict.

Receuront nosdits Commissaires Receueurs les deniers de tous les baux iudiciaires
prouenans de toutes les Saisies Reelles, & ce
qui sera deu par les Fermiers cõuentionnels,
dont les baux seront conuertis en baux iudiciaires, pour en rendre compte, quãd, & à qui
il appartiendra, pardeuãt les Iuges du ressort
de leur establissement, sans qu'ils en puissent

estre distraits pour quelque cauſe ou occaſiõ
que ce ſoit, les ſaiſis, ſaiſiſſans & oppoſans ap-
pellez, & à payer le reliqua à qui il appartiendra & ſera par iuſtice ordonné, ſans qu'ils en
puiſſétpretédre autre droit de recepte, ny autre ſalaires & vacations, que ce que l'on a ac-
couſtumé de taxer auxCõmiſſairespar chacũ
an; & pour auoir vacqué en l'exercice de leur
charge, que Six deniers pour liure, que
nous leur auons attribué & attribuons par ces
preſentes de tous les deniersqui ſerõt par eux
receus. Et pour tous les autres frais, ſalaires
& vacations deſdits Commiſſaires, Nous les
auons moderé, Sçavoir, Soixante sols
pour l'enregiſtrement des Saiſies Reelles des
maiſons, rentes & offices, eſquels il ne ſera
beſoin de plus ample denombrement:& Six
livres pour l'enregiſtremétde celles de fiefs
& autreschoſes qui contiendrõt depédances
d'heritages,qu'il aura eſté neceſſaire d'expri-
mer par leſdites ſaiſies:& Hvit livres pour
ſes peines &vacations de faire faire les baux,
qui ſerõt iuſqu'à trois censliures de ferme &
au deſſous: & Dovze livrespour ceux qui
ſerõt au deſſus,&encoredix livrespour ſon
droit des comptes qu'il rendra en Iuſtice des
baux de trois cés liures & au deſſous:&Dix-
hvit livres pour ceuxqui ſerõt au deſſus,&
ce outre l'écriture des cõptes,pour leſquels il

sera payé CINQ SOLS pour roolle de grã d pa-
pier & DEVX SOLS SIX DENIERS pour roolle
du petit & la moitié pour chacune copie. Aufquels cõptes, pour dautãt plus en retrãcher les
frais lefdits Cõmiffaires ferõt métion en bref
des procez verbaux des faifies, baux iudiciaires, & fentéce de reddition de cõptes, fans les
pouuoir inferer au long: par ce moyen les faififfans & faifis feront déchargez de tous frais,
falaires & vacations qu'il leur conuient faire
pour lefdits baux, qui monteront à beaucoup
dauantage que ladite attribution, mefmes
des taxes adferantes aux Aduocats & Procureurs: au lieu defquels nous voulons qu'ils
puiffent occuper ou leurs Commis és caufes
& differens qui furuiendront en l'exercice
de leurs charges & dependances d'icelles,
dreffer & rendre leurs cõptes & declarations
de leurs receptes, frais & mifes, fans qu'il foit
befoin, fi bon ne leur femble, du miniftere
de Procureurs ou Aduocats: & ce pour d'au-
tant plus retrancher les frais defdites Commiffions: couchans en leurs comptes lefdits
droicts, auec les frais par eux aduancez, qui
leur feront alloüez.

Et combié que nos predeceffeurs ayent fait
plufieurs loüables Ordonnances fur les empefchemens, menaces & autres voyes de fait,
commifes tant par les faifis qu'autres perfon-

nes à l'endroit des precedens Commiſſaires:
Ce neantmoins eſtans aduertis qu'au mépris
d'icelles & de Iuſtice , iceux ſaiſis & autres
pour eux ne delaiſſent d'empeſcher & tra-
uailler iceux en l'exercice de leurs charges,
& qu'ils pourroient faire le ſemblable à noſdits Cõmiſſaires Receueurs: A ceſte cauſe,&
que noſdits Commiſſaires Receueurs ſeront
Miniſtres de Iuſtice, munis de noſtre authorité, cõme nos Officiers , auſquels la force &
obeyſſance doit demeurer: Auons inhibé &
defendu, inhibons & defendons à tous ſaiſis,
oppoſans & autres perſonnes , de troubler,
moleſter, retarder, ny empeſcher en quelque
maniere que ce ſoit, noſdits Cõmiſſaires Receueurs en l'exercice & fonctiõ de leurs char
ges & commiſſions, ſur peine d'eſtre declarés
rebelles & deſobeïſſans à nous & à Iuſtice, de
confiſcation de leurs biens , & punition exé-
plaire, ſuiuant nos Ordonnances.

Et dautant qu'il ne ſeroit raiſonnable que
leſdits Cõmiſſaires Receueurs, leurs vefues,
heritiers & ayans cauſe, demeuraſſét chargez
& obligez de garder perpetuellemét vn grãd
& innumerable nombre de papiers iuſtifica-
tifs des comptes qu'ils auront rendus en Iuſtice : Voulons & ordonnons que noſdits
Commiſſaires Receueurs, leurs vefues & heritiers, ne pourrõt eſtre inquietez, recerchez,

ny tenus pour le fait de leurs charges, cinq ans apres la reddition de leurs comptes rendus en Iuſtice, pour quelque cauſe & occaſion que ce ſoit ou puiſſe eſtre.

Seront noſdits Cõmiſſaires Receueurs tenus de bailler caution au Siege du reſſort de leur eſtabliſſement où ils ſeront receus, Sçauoir ceux de Paris, de ſix mil liures: ceux de nos autres Cours de Parlemẽt & Sieges Preſidiaux, chacũ quatre mil liures: ceux des principaux Sieges Royaux où nous auõs eſtably des Cõſeillers, deux mil liures: & ceux des autres ſieges Royaux, mil liures: les offices deſquels demeurerõt en outre obligez & hypothequez ſpecialement & par preferẽce, à la ſeureté des deniers qu'ils auront receus.

Et afin que nos ſuiets puiſſent eſtre ſoulagez en leurs affaires domeſtiques, & recueillir le fruit du ſoin que nous voulõs auoir d'eux par le moyen de cet eſtabliſſement, Novs voulons & ordonnons que leſdits Commiſſaires Receueurs dreſſent vn Mont de Pieté chacun au lieu de ſa demeure : auquel Mõt il ſera loiſible à toutes ſortes de perſonnes de preſter au denier ſeize ou moindre intereſt. Et à ceux qui aurõt beſoin d'eſtre ſecourus, d'emprunter deſdits Commiſſaires Receueurs par obligation, ou ſur gages, pour la ſeureté du preſt, de telles ſommes de deniers qui leur ſe-

ront befoin, fans prendre plus grand intereft
qu'au denier feize; finon en cas qu'ils euffent
correfpondãce pour lettres de change qu'ils
en pourront tirer au denier douze , fans eftre
eftimez vfuriers; & ce des lettres de change
feulement. Et afin que le prefent eftabliffement puiffe eftre fidelement executé,& qu'il
ne reçoiue aucune alteratiõ àl'aduenir;Nous
auons creé & erigé,creons & erigeons par ce
mefme Edit l'Office en heredité de Direéteur general defdits Monts de Pieté eftablis
en cetuy noftre Royaume , pays & terres de
noftre obeïffance,pour donner l'ordre dudit
eftabliffement, &auoir l'œil qu'il nes'y com-
mette aucun abus au detrimẽt de nos fujets:
Et pour cét effeét luy donnons pouuoir de fe
faire reprefenter, ou à ceux qu'il commettra
fur les lieux , les regiftres defdits prefts, & y
corriger tous les defauts qu'il y recognoiftra
eftre prejudiciables ànos fujets,pour lefquels
ledit Direéteur,ou fes Cõmis,en fera plainte
pardeuant les Iuges du reffort de l'eftabliffement dudit Mont,à ce qu'à l'aduenir nos bõ-
nes intentions foient fuiuies & executées de
poinét en poinét , & nofdits fubiets foulagez
en leurs neceffitez. Et pour les droiéts , frais,
falaires &vacations dudit Direéteur,&de fes
Commis,& ceux qui pafferont lefdites obli-
gationsqu'il conuiendra faire, luy auons at-

tribué & attribuons de tous lesdits
prests, qui sera payé par celuy qui empunte-
ra, sans que lesdits prests puissent retarder en
façõ quelcõque la restitution des deniersqui
seront mis és mains de nosdits Commissaires
Receueurspour estre deliurez aux personnes
à qui il sera ordõné, apres les Arrests, Sentences d'adiudication, & mandemés d'ordre deliurez. Entendons que lesdits prests soient
volõtaires, tant de la part de ceux qui les em-
prunteront, que de celle de nosditsCommis-
saires Receueurs quant à la durée du prest:
Lesquels regleront si bien leurs temps, qu'ils
n'obligent point les particuliers à attendre le
payement de leurs deniers, apres lesdits Arrests, Sentences & mandemens d'ordre rendus : n'ayant autre intention que de soulager
toutes sortes de personnes, & particuliere-
ment les plus pauures; lesquels faute de caution ne peuuent trouuer leur commodité
qu'à grande perte & vsure.

Si DONNONS en mandement à no s amez
& feaux Conseillers les gens tenans nostre
Cour de Parlement de Bordeaux, Baillifs,
Seneschaux, Preuosts, Iuges, & leurs Lieute-
nans du ressort de nostredite Cour, que ces
presentes ils facent lire, publier, & enregistrer, & le contenu en icelles inuiolablement
entretenir, garder, & obseruer de point en

point, selon leur forme & teneur, sans y con-
treuenir, ny souffrir y estre contreuenu en
aucune maniere. CAR tel est nostre plaisir:
Nonobstant toutes choses à ce contraires;
Ausquelles de nostre puissance & authorité
Royale, nous auons dérogé & dérogeons par
ces presentes. Et afin que ce soit chose ferme
& stable àtousiours; Nous auons à icelles fait
mettre & apposer nostre seel. Donné à Paris au mois de Féburier l'an de grace mil six
cens vingt   , & de nostre regne le seiziéme.
Signé, LOVIS: Et plus bas, Par le Roy,
PHELIPPEAVX. Et seellé du grand seau de
cire verte en lacs de soye rouge & verte.

*Collationné à l'original par moy Conseiller & Se-
cretaire du Roy & de ses Finances.*

ARRESTS DV PARLEMENT
sur la verification des sus-dits Edicts.

Ev par la Cour, les Chambres d'icelle assemblées, les lettres patentes du Roy en forme d'Edict, données à Paris au mois de Febvrier de l'année mil six cẽs vingt-six, Signées, Lovis. Et plus bas, Par le Roy: Phelipeaux : & seellées du grand seau dudit Seigneur, en lacqs de soye verte & rouge : Par lesquelles sa Majesté, pour les considerations y exprimées, crée & erige en tiltre d'office formé hereditaire en chacune ville & lieux esquels il y a Iustice Royale, vn Office de Commissaire Receueur des Deniers des Saisies Réelles, des terres & seigneuries, chasteaux, maisons, fruits pendants par les racines, rentes foncieres & constituées, droits d'vsufruits, domaines, pensions, & autres choses immobiles, sujettes d'estre saisies pour

D

quelque caufe que ce foit, en vertu d'arrefts, fentences, iugemens, mandemens,
prouifions, contracts d'obligations, &
tous autres actes authentiques & commiffion de Iuftice: En outre, fadite Majefté par le mefme Edict, créc & erige
l'Office en heredité de Directeur general du Mont de Pieté; pour tous lefdits
Offices eftre establis & exercez par ceux
qui en feront pourueus, fuiuant l'ordre
contenu par lefdites Lettres : Arreft par
lequel eft ordóné pour les raifons y contenuës, que fa Majefté fera tres-humblement fuppliée d'agréer, qu'il ne foit
procedé à l'enregiftrement & verification dudit Edict du vingt-neufiefme
Mars dernier : Autres lettres de Iuffion
par lefquelles fa Majefté, apres auoir fait
voir en fon Confeil le fufdit Edict, veut
& entend & tres-expreffement enjoint
à ladite Cour, que fans auoir égard audit
Arreft, il foit procedé à l'enregiftrement
pur & fimple du fufdit Edict, pour eftre
executé felon fa forme & teneur, fans attendre autre plus exprés commandemét;
Lefdites lettres données au Camp deuát
la Rochelle le troifiéme du prefent mois

Signées, LOVIS. Et plus bas, par le Roy:
Phelipeaux, & seellées du grand seau dudit Seigneur, en queuë pendante de cire
jaune. Copie d'autres Lettres de decla--
ration de sadite Majesté, portans modi-
fication des priuileges, attributions &
droicts à plein mentionnez par le susdit
Edict, données à Paris le vingt-quatrié-
me Mars mil six cens vingt-sept, auec
copie de l'Arrest d'enregistrement d'i-
celles au Parlement de Paris du dix-
septiéme May audit an: Conclusions du
Procureur general du Roy: Tout consideré, DIT A ESTE', Ayant égard ausdites lettres de Iussion du troisiéme du
present mois, Que la Cour a ordonné
que lesdites Lettres patentes en forme
d'Edict, portant creation des Offices de
Commissaires Receueurs des Deniers
des Saisies Reelles en chacune Cour
souueraine, sieges Presidiaux, Seneschaux, & autres Iustices Royales, seront
enregistrées au Greffe de la Cour, pour
estre executées selon leur forme & teneur; A la charge toutesfois que lesdits
Commissaires Receueurs, ne seront
exempts d'autres charges personnelles

D ij

que de tutelles & curatelles seulement,
qu'ils seront tenus de commettre personnes suffisantes & capables pour vacquer en l'exercice de leur charge en leur
absence, tant és lieux de leur establissement qu'autres endroits necessaires de
leur ressort; desquels Commis & Procureurs ils demeureront responsables, sans
qu'eux ny leursdits Commis ou Procureurs puissent postuler és Cours souueraines, sieges Presidiaux, Seneschaux &
autres Iustices subalternes : Seront tenus en outre lesdits Commissaires Receueurs bailler cautions soluables en
chacun endroit de leur establissement:
Sçauoir celuy de la Cour & sieges Presidiaux du ressort d'icelle, chacun de la
somme de huict mil liures ; Ceux des
principaux sieges Royaux de quatre mil
liures chacun ; & ceux des autres sieges
chacun de deux mil liures : Les Offices
desquels Commissaires Receueurs demeureront en outre obligez & hypothequez specialement & par preference à
la seureté des deniers qu'ils auront receus pour l'effect de leur Commission:
A la charge aussi que lesdits Commissai-

res Receueurs, ou leurs Commis, ne pourront enregiftrer plus d'vne Saifie Reelle d'vn mefme heritage, ny icelle garder & retenir plus de vingt-quatre heures. Ne pourront pareillement lefdits Commiffaires Receueurs, ou leurs Commis, exiger autre chofe pour leurs droits d'enregiftremét, que la fomme de quarante fols pour Saifie Reelle, faittes des maifons fituées dans les villes, bourgs, villages, fubjettes à decret, fiefs & maifons Nobles, ny mefme des rotu-riers où il n'y aura aucuns heritages en dépendans exprimez dans les exploits de faifie; & quatre liures pour les Saifies Reelles des terres & heritages qui ferót defignées & fpecifiées par tenans & abou-tiffans, fans qu'eux, ny leurs Commis, puiffent pretendre aucun autre droit, foit pour enregiftrer lefdites faifies, faire les publicatiós, & aux Profnes des Eglifes Paroiffiales, exploits de commandemét, vacquer aux baux à ferme iudiciaires, foit pour les redditions & efcritures de leurs comptes qu'ils feront tenus de ren-dre, & generalement pour tous autres frais, iournées, & vacations quelconques

qu'ils seront tenus faire faire, le tout à
leurs propres cousts & despens, à peine
de concussion, priuation de leurs charges, despens, dommages & interests des
parties. Seront tenus de payer sur les deniers des fermes qu'ils auront en leurs
mains, les prouisions qui seront ordōnées
par Iustice: Cōsigner les sōmes qui serōt
iugées estre necessaires pour les iugemés
des procés de criées: Et ne pourront aussi
prendre lesdits Commissaires Receueurs
aucuns droicts de six deniers pour liure à
eux attribuez par le susdit Edict, que sur
les deniers reuenās bons de leur Cōmis-
sion. Serōt en outre tenus lesdits Cōmis-
saires Receueurs faire proceder incessam-
ment aux baux iudiciaires des choses saisies, au plus tard dans six sepmaines apres
leur enregistrement desdites saisies,
sans qu'ils puissent faire plus de trois re-
mises ou publications, à peine de respon-
dre des fruicts des choses saisies, en leurs
propres & priuez noms. Lesquelles publications & deliurances seront tenus
de faire faire pardeuāt les Iuges des lieux
où les choses saisies sont situées; pardeuant lesquels Iuges ils seront tenus fai-

re appeller tãt le saisir faisant que l'executé, pour voir faire les baux : sauf toutesfois si lesdits saisie faisant ou executé re-
queroient lesdites publications estre faites pardeuant le Iuge des lieux de leur
establissement:& lesquelles fermes iudiciaires ils ferõt faire par trois années; sauf
aussi si lesdits saisie faisant & executez re-
queroient que lesdites fermes fussent faites pourvn an seulemẽt. Et en casde main
leuée des choses saisies faite auparauant
le bail iudiciaire de la recolte des fruicts,
ne pourront lesdits Commissaires Receueurs pretendre aucuns droits que les
frais vtilement faits pour proceder au
bail iudiciaire; lesquels frais seront taxez
pardeuãt les Iuges des lieux par vn roolle sommaire, auec le Procureur du saisi,
sans fraude ny voyage. Et en cas que l'ad-
iudicatiõ du bail iudiciaire soit differée à
cause des oppositions formées aux saisies, establissement de Commissaires, ou
autres empeschemens;iceux Commissaires Receueurs deslors demeureront déchargez de leur Commission, ensemble
des fruicts des choses saisies, iusques à ce
que lesdits saisir faisans , ayent fait leuer

lefdits empefchemens, & que ledit Commiffaire Receueur foit en poffeffion
actuelle des chofes faifies, aufquels Commiffaires en ce cas, lefdits faifie faifants
feront tenus de payer feulemeut les frais,
iournées & vacations raifonnables, felon
la taxe qui en fera faite par vn roolle fom-
maire pardeuant les Iuges des lieux, auffi
fans fraude & fans voyage à ce voir faire,
le Procureur de l'executé appellé. Seront en outre tenus lefdits Commiffaires Receueurs rendre compte des deniers de leur Commiffion pardeuant le
Iuge des lieux où la vente des biens faifis
& la diftribution des deniers prouenans
de ladite vente, fera faite, toutesfois &
quantes qu'ils en feront requis par lefdits
faifir faifant & executé ou oppofant. Et
quant aux Saifies Reelles faites auparauant la reception & inftallation defdits
Commiffaires Receueurs, ny iceux
Commiffaires Receueurs ny leurs Commis, n'y pourront pretendre aucun droit,
& ne feront les Commiffaires ja eftablis,
tenus de leur rendre compte des deniers
de leurs charges, ains au faifir faifant ou
executé, (ainfi qu'il eftoit accouftumé
auant

auant le fufdit Edict,)ou autre ayãt intereft ou droict de prendre lefdits fruits. Et
quãt aux faifiesfeodales d'vfufruit de cés,
rentes foncieres, cõftituées,& autres affi-
gnées, tant fur les receptes generales que
particulietes & autres femblables , fera
loifible au faifir faifant,y eftablir tels Cõmiffaires que bon luy femblera , fans que
lefdits Commiffaires & Receueurs créez
par le fufdit Edict y puiffent pretendre
aucun droit, encore que le fonds foit faifi. Ne pourront auffi lefdits Commiffaires Receueurs prendre aucuns droits des
decrets volontairement faits entre le faifir faifant & executé,& autres qui feront
faits à la requefte du Receueur des amendes de la Cour; & à la charge que les
Huiffiers & Sergens executeurs des Arrefts,Sentences, Iugemens, Mandemés,
Prouifions, Cõtracts, Obligations &tous
autres actes & Commiffions de Iuftice,
feront tenus garder l'ordre , fans qu'ils
puiffent faire aucune élection de domicile pour l'executé en faifant lefdites faifies. Fait ladite Cour inhibitions & de-
fenfes aufdits Commiffaires Receueurs
de faire aucun eftabliffement du Mont

E

de Pieté, ny de diuertir les deniers de leur
charge qu'ils auront pardeuers eux, à autres charges qu'aux termes cy dessus exprimez. Prononcé à Bordeaux en Parlement le vingt-cinquiesme Octobre mil
six cens vingt-huit. Signé de Pontac.

EXTRAICT DES REGI-
stres de Parlement.

V EV par la Cour, les Chambres d'icelle assemblées, les
Lettres patentes du Roy
en forme d'Edict, données
à Paris au mois de Feburier
de l'année mil six cés vingt-
sept ; Par lesquelles sa Majesté, pour les
considerations y exprimées, crée & erige
en tiltre d'Office formé hereditaire en
chacune ville & lieux, esquelles il y a Iustice Royale, vn Office de Commissaire
Receueur des deniers des Saisies Reelles
des Terres & Seigneuries , Chasteaux,
Maisons , Fruits pendans par les racines,
Rentes foncieres & constituées , Droits

d'vsufruict, Domaines, Penſions, & autres choſes immobiliaires ſubiettes d'e-
ſtre ſaiſies pour quelque cauſe que ce ſoit
en vertu d'Arreſts, Sentences, Iugemens,
Mandemens, Prouiſions, Contracts d'o-
bligations, & tous autres actes authentiques & Commiſsions de Iuſtice: En outre ſadite Maieſté par le meſme Edict
crée, erige l'Office de Directeur general du Mont de Pieté, pour tous leſdits
Offices eſtre eſtablis & exercez par ceux
qui en ſeront pourueus, ſuiuant l'ordre
contenu par leſdites Lettres: Arreſt par
lequel ſa Majeſté ſera tres-humblement
ſuppliée d'agréer qu'il ne ſoit procedé à
l'enregiſtrement & verification dudit
Edict du vingt-neufieſme Mars dernier:
Lettres de Iuſsion, par leſquelles ſa Majeſté veut & entend, que ſans auoir égard
audit Arreſt il ſoit procedé à l'enregiſtrement pur & ſimple du ſuſdit Edict, pour
eſtre executé ſelon ſa forme & teneur;
données au Camp deuant la Rochelle le
troiſieſme d'Octobre dernier: Autre Arreſt de ladite Cour donné ſur l'enregiſtrement de ladite Declaration & Edict,
ſous les modifications y contenuës, auec

les Declarations & Arrests mentionnez
au veu d'iceluy, du vingtcinquiefme dudit mois d'Octobre: Secondes Lettres
de Iuſsion de ſa Majeſté , par leſquelles
eſt mandé que ſans s'arreſter audit Arreſt
dudit iour vingt-cinquiéme Octobre, &
aux modifications y contenuës, ny aux
lettres de Declaration de ſa Majeſté
du vingt-quatrieſme Mars mil ſix cens
vingt-ſept, il ſoit paſſé outre à la verification & enregiſtrement du ſuſdit Edict
purement & ſimplement, données à la
Rochelle le ſixieſme Noüembre dernier,
Concluſions du Procureur General:tout
conſideré. DIT A ESTE', ayant égard
auſdites Lettres de Iuſſion du ſuſdit iour
ſixiéme Nouembre dernier, & ſans s'arreſter aux modificatiõs portées par l'Arreſt dudit iour vingt-cinquiéme Octobre auſſi dernier;quant à ce, Que la Cour
a permis & permet auſdits Commiſſaires Receueurs d'enregiſtrer tous les procés verbaux & exploit de ſaiſie, ſuiuant le
ſuſdit Edict,bien qu'elles ſe trouuent faites ſur vn meſme heritage, autres toutesfois que des ſaiſies feodales d'vſufruit, de
cens,rentes foncieres & autres aſſignées,

tant sur les receptes generales que parti-
culieres, & des decrets volontaires faits
entre saisie faisant & executé, Ensemble
des Saisies Reelles qui seront faites à la
requeste du Receueur des amendes de
la Cour, à defaut de payement des aman-
des deuës au Roy exceptées par l'Edict:
A la charge toutesfois que pour le droict
du susdit enregistrement lesdits Commissaires Receueurs ne prendront que
quarante sols pour les saisies où il n'y aura aucun dénombrement d'heritages, &
quatre liures pour celles qui contiendrõt
heritages partenans & aboutissans; comme aussi sans s'arrester aux modifications
dudit Arrest quant à ce: Ladite Cour or-
dõne que pour les peines & vacations de
faire faire les baux qui serõt faits iusques
à la concurrence de trois cens liures, &
au dessous: Lesdits Commissaires Receueurs prendront huit liures, & pour ceux
qui seront au dessus lesdits trois cens liures, douze liures; moyennant lesquels
droits iceux Commissaires seront tenus
de fournir à leurs despens tout ce qu'il
conuient bailler aux Iuges, Greffiers,
Sergens, & autres Officiers pour faire fai-

re les proclamations & obtenir lesdits
baux : A la charge toutesfois que tous les
susdits droicts ne pourront exceder la
valeur des fruits : & pour le droit des comptes des baux qui seront de trois cens liures & au dessous, lesdits Commissaires
pourront prédre huit liures, & pour ceux
qui sont au dessus, douze liures : moyennant quoy lesdits Commissaires ne prendront aucune chose pour l'escriture desdits comptes. Outre lesquels droicts lesdits Commissaires prendront six deniers
pour liure, de tous les deniers reuenans
bons, sçauoir des sommes qui resteront
entre leurs mains, apres les susdits droits
payez. Ordonne aussi ladite Cour que
lesdits Commissaires & leurs Commis,
pourront occuper & requerir és differés qui interuiendrõt sur la deliurãce desdits fruits & choses en dependátes, dres-
ser & rendre leurs comptes, sans qu'il soit
besoin de ministere, de Procureur, ny
d'Aduocat, si bon ne leur semble. Et ce
pardeuant les Iuges ordinaires & Seneschaux seulement, pardeuant lesquels lesdites deliurances seront faites. Et au sur-
plus des autres modifications contenuës

audit Arreſt , Le Roy tres-humblement
il ſupplié d'agréer qu'elles ſortent leur
plein & entier effect. Prononcé à Bordeaux en Parlement le neufuiéme Decembre mil ſix cens vingt-huit. Signé
de Pontac.

EXTRAICT DES REGI-
ſtres de Parlement.

V EV par la Cour , les
Chambres d'icelle aſ-
ſemblées, les Lettres
en forme de Iuſſion,
par leſquelles ſa Ma-
jeſté, pour les conſi-
derations y contenuës , mande & tres-
expreſſément enjoint à la Cour, que ſans
par elle s'arreſter aux Arreſts d'icelle
des vingt-cinquieſme Octobre & neufuiéme Decembre dernier, ny à la Declaration de ſadite Majeſté du vingt-
quatriéme Mars , mentionnée en iceux,
comme reuoquée, il ſoit par ladite Cour

procedé purement & fimplement à la
verification de l'Edict de Commiffaire
& Receueur des deniers des Saifies
Reelles des Terres & Seigneuries, Cha-
fteaux, Maifons, Fruits pendans par les
racines, Rentes foncieres & conftituées,
Droicts d'vfufruict, Domaines, Penfions
& autres chofes immobiles, fubjettes
d'eftre faifies en vertu d'Arrefts, Sentences, Iugemens, Mandemens, Contracts,
& tous autres actes & Commiffions de
Iuftice, du mois de Feburier mil fix cens
vingt-fept ; mentionnée efdites lettres
de Iuffion, conformément aux lettres
de Declaration du Roy du vingt-deuxiéme Iuin mil fix cens vingt-fept, portant attribution de trente fols feulement
pour l'enregiftrement des faifies qui
font faites au deffous de cent liures, lefdites lettres données à Paris le quinziéme Ianuier mil fix cens vingt-neuf.
Veu auffi le fufdit Edict fus datté, auec
les Arrefts donnez fur la verification d'i-
celuy, des fufdits jours vingt-cinquiéme
Octobre & neufiéme Decembre, auec
les Conclufions du Procureur General
du Roy : tout confideré, DIT A ESTE,
ayant

ayant aucunement égard ausdites Lettres
de Iussion du susdit iour quinziéme Ianuier dernier, Que la Cour a ordonné & ordonne conformément audit Edict, que lesdits Commissaires & Receueurs seront
exempts de tutelles, curatelles, & de toutes
autres charges personnelles: & pour le sur-
plus des modifications contenuës és Arrests des vingt cinquiéme Octobre & neufiéme Decembre mil six cens vingt huict,
Le Roy sera tres-humblement supplié, d'a-
gréer que lesdits Arrests sortent leur plein
& entier effect, pour le bien & soulagemét
de ses subjets. Prononcé à Bourdeaux en
Parlement, les Chambres assemblées, le
vingt-neufiéme Mars mil six cens vingt-
neuf.

Signé,   PONTAC.

F

EXTRAICT DES REGIstres de Parlement.

EV par la Cour les Chambres d'icelle assemblées. Les Lettres en forme de Iussió, Données à Valance le quatorziéme May mil six cens vingt neuf. Signées Lovis: & plus bas, Par le Roy: Boutillier: & seellées du grand seau des armoiries de France: Par lesquelles sa Majesté pour les causes & considerations y contenuës, mande & tresexpressément enjoint à la Cour, Que tous affaires cessans & postposés, il soit procedé purement & simplement à l'enregistrement & verification des Lettres patentes en forme d'Edict, données à Paris au mois de Feurier mil six cens vingt-sept, contenant creation en titre d'office formé & hereditaire en chacune ville & lieux esquels y a Iustice Royale, vn office de Cómissaire & Receueur des deniers des saisies reelles des terres, seigneuries & autres biens mentionnés par lesdites Lettres, aux droicts, hóneurs, franchifes & libertés y mentionnées, conformément à autres Lettres de Declaration du vingt-deuxiéme Iuin an fufdit mil fix cens vingt-fept, & Arreft de verification du Parlement de Paris , du vingt-huictiéme dudit mois de Iuin , fans aucune modificatiõ , reftriction ne difficulté quelconque , nonobftant & fans auoir égard à l'Arreft de la Cour du vingt-neufiéme Mars mil fix cens vingt-neuf, & autres donnés , tant fur lefdites Lettres patentes en forme d'Edict, Que fur autres Lettres de Iuffion , données au Camp deuant la Rochelle , les troifiéme Octobre & feiziéme Nouembre mil fix cens vingt-huict , à Paris, le quinziéme Ianuier mil fix cens vingt-neuf: lefdits Arrefts dés vingtiéme Mars, vingt cinquiéme Octobre , dix neufiéme Decembre mil fix cens vingt-huict: Autres Lettres de Iuffion données à Paris le vingt-neufiéme Octobre dernier mil fix cens vingt-neuf, par lefquelles fa Majefté enioinct à ladite Cour que tous les affaires ceffans, il foit procedé incontinent & fans delay à la verification pure & fimple defdites Lettres en forme d'Edict , contenant creation des fufdits offices de Commiffaires & Receueurs des faifies reelles felon fa

forme & teneur, à la reseruation toutesfoi[s]
du mont de Pieté, que sa Majesté n'enten[d]
establir, quant à present; & à la charge qu[e]
des saisies au dessous de cent liures, lesdit[s]
Commissaires ne pourront prendre qu[e]
trente sols pour l'enregistrement de cha[-]
cune d'icelles, suiuant la susdite Declara[-]
tion, enregistrée audit Parlement de Pari[s]
le susdit iour vingt-huictiéme Iuin mil six
cens vingt sept : lesdites Lettres signées
LOVIS: & plus bas, par le Roy : le Beau-
clerc. Et seellées du grand seau des armoiries de France: Conclusions du Procureur general : lequel attendu le tres exprés
cõmandement du Roy & vrgente necessité
de ses affaires, n'empesche l'enregistremẽt
& verification dudit Edict; pour de la vente
des offices, subuenir à la necessité presente
de sa Majesté : Tout consideré, Dict a esté
que la Cour a ordonné & ordonne que sa
Majesté sera tres-humblement suppliée
d'aggreer que les Arrests des susdits iours
vingt-cinquiéme Octobre, neufiéme Decembre mil six cens vingt-huict, & vingt-
neufiéme Mars mil six cens vingt-neuf, sortent leur plein & entier effect. Prononcé à
Bourdeaux en Parlement lesdites Chambres assemblées le 8. Mars 1630.

Signé,   DE PONTAC.

EXTRAICT DES REGI-
stres de Parlement.

VEV par la Cour, les Chambres d'icelle assemblées, les
Lettres en forme de Iussion,
données à Troyes le huictiéme Auril de la presente an-
née mil six cens trente, signées L o v i s : &
plus bas, Par le Roy, Phelipeaux : & seellées
du grand seau des armoiries de France.
Par lesquelles sa Majesté pour les causes &
considerations y contenuës, máde & tresexpressément enjoinct à la Cour, que tous
affaires cessans & postposés, il soit procedé
purement & simplement à l'enregistremét
& verification des Lettres patentes en forme d'Edict, données à Paris au mois de Feurier mil six cens vingt-sept, contenant
creation en titre d'office formé & hereditaire en chacune ville & lieux où il y a Iustice Royalle, vn office de Commissaire &
Receueur des deniers des saisies reelles des
terres seigneuries & autres biés mentionnés par lesdites Lettres aux droicts, hon-
neurs, franchises & libertez y mentiónées,
conformémét à autres Lettres de Declara-

tion du vingt-deuxiéme Iuin audit an mil
six cens vingt-sept, & Arrest de verificatió
du Parlement de Paris, du vingt-huictiéme
dudit mois de Iuin; à la reseruation toutesfois du mont de Pieté, que sa Majesté n'entend establir, quant à present. & (o) la charge que des saisies, au dessous de cent liures,
lesdits Commissaires ne pourront prendre
que trente sols pour l'enregistrement de
chacune d'icelles, suiuant la susdite Declaration, enregistrée audit Parlement de
Paris; le tout nonobstant & sans auoir é-
gard à l'Arrest du huictiéme Mars an present mil six cens trente, & autres donnés
tant sur lesdites Lettres patentes en forme
d'Edict, que sur autres Lettres de Iussion,
données au Camp deuant la Rochelle, le
treisiéme Octobre, sixiéme Nouembre mil
six cens vingt-huict, à Paris le quinziéme
Ianuier mil six cens vingt-neuf, & lesdits
Arrests, les vingtiéme Mars, vingt-cinquiéme Octobre, & neufiéme Decembre mil
six cens vingt-huict, & susdit iour huictiéme
Mars an present: Cóclusions du Procureur
general, qui n'empesche l'enregistrement
& verification dudit Edict, pour de la vente
desdits offices subuenir aux necessités pre-
tes & affaires du Roy. Dict a esté, ayant au-

cunement égard aufdites Lettres de Iuffion
du dix-huictiéme Auril mil fix cens trente,
& fans s'arrefter aux modifications portées
par les Arrefts dés vingt-cinquiéme Octobre , & neufiéme Decembre , quant à ce
que la Cour a ordonné & ordonne, que lefdits Commiffaires pourront eftre eftablis
& prédre les droicts à eux attribuez par ledit Edict aux modifications toutesfois portées par lefdits Arrefts, pour toutes les faifies generalement qui feront faictes, fauf
des faifies feodalles & d'vfufruict; aufquel-
les feulement fera loifible au faififfant de
faire eftablir tels autres Commiffaires que
bon luy femblera, fans que lefdits Commiffaires creés par ledit Edict puiffent prendre aucun droict pour raifon, d'icelles faifies feodalles & d'vfufruict , fuiuant ledit
Arreft du vingt-cinquiéme Octobre mil
fix cens vingt-huict. Comme auffi ladite
Cour a permis & permet aufdits Commiffaires , ou leurs commis de pouuoir occuper & poftuler en tous les differés & caufes
qui furuiendrót en l'exercice de leurs charge & depédences d'icelle, dreffer & rendre
leur comptes, fans miniftere d'Aduocat ou
Procureur, fi bon ne leur femble, & ce pardeuant tous Iuges : fauf toutesfois en la

Cour de Parlement, où lefdits Commiffaires, ne pourront occuper ny requerir e[n]
tout ce qui regarde le faict de leur commiffion, que par le miniftere d'vn Aduocat ou Procureur. Ordonne auffi ladit[e]
Cour conformément aufdites Lettres de
Iuffion dés vingt-neufiéme Octobre mil fix
cens vingt neuf, & dix-huictiéme Auril m[il]
fix cens trente, & Declaration du Roy, du
vingt-deuxiéme Iuin mil fix cens vingt-
fept, Que lefdits Commiffaires ou leurs
Commis, ne pourront prendre que trente
fols feulement pour le droict d'enregiftrement des faifies qui ferót faictes au deffous
de cent liures. Et pour le furplus des modifications contenuës efdits Arrefts, le
Roy fera tres-humblement fupplié, comme autresfois, d'aggreer qu'elles fortét leur
plein & entier effect, pour le bien & foula-
gement de fes fubjects. Prononcé à Bourdeaux en Parlement, le vingt-huictiéme
Iuin mil fix cens trente.

Signé,　　　　　DE FAV[R]

Collationné aux Originaux par moy Confeiller
& Secretaire du Roy & de fes Finances.